T0391721

Los caballos
de los presidentes

Grace Hansen

Abdo Kids Junior es una
subdivisión de Abdo Kids
abdobooks.com

Abdo
MASCOTAS PRESIDENCIALES
Kids

abdobooks.com

Published by Abdo Kids, a division of ABDO, P.O. Box 398166, Minneapolis, Minnesota 55439.
Copyright © 2023 by Abdo Consulting Group, Inc. International copyrights reserved in all countries.
No part of this book may be reproduced in any form without written permission from the publisher.
Abdo Kids Junior™ is a trademark and logo of Abdo Kids.

Printed in the United States of America, North Mankato, Minnesota.

102022

012023

 THIS BOOK CONTAINS
RECYCLED MATERIALS

Spanish Translator: Maria Puchol

Photo Credits: Alamy, Getty Images, Granger Collection, John F. Kennedy Library and Museum,
Library of Congress, Shutterstock

Production Contributors: Teddy Borth, Jennie Forsberg, Grace Hansen

Design Contributors: Candice Keimig, Pakou Moua

Library of Congress Control Number: 2022939367

Publisher's Cataloging-in-Publication Data

Names: Hansen, Grace, author.

Title: Los caballos de los presidentes/ by Grace Hansen.

Other title: Horses of presidents. Spanish

Description: Minneapolis, Minnesota: Abdo Kids, 2023. | Series: Mascotas presidenciales | Includes
online resources and index.

Identifiers: ISBN 9781098265212 (lib.bdg.) | ISBN 9781098265793 (ebook)

Subjects: LCSH: Horses--Juvenile literature. | Pets--Juvenile literature. | Presidents--Juvenile literature. |
Presidents' pets--United States--Juvenile literature. | Spanish language materials--Juvenile literature.

Classification: DDC 973--dc23

Contenido

Los caballos de los presidentes

Casi todos los presidentes de Estados Unidos han tenido mascotas. ¡Muchos tuvieron caballos!

El presidente Washington tuvo muchos caballos. Nelson y Blueskin, dos de ellos, estuvieron en la **Guerra de la Independencia**.

George
Washington

7

John Adams fue el primer presidente que vivió en la Casa Blanca. Los caballos de su carruaje también vivieron allí.

8

John
Adams

El presidente Tyler tuvo
su caballo por 21 años,
se llamaba The General.

John
Tyler

11

El presidente Taylor tuvo un
precioso caballo. Se llamaba
Old Whitey. Cuando oía música
bailaba haciendo **cabriolas**.

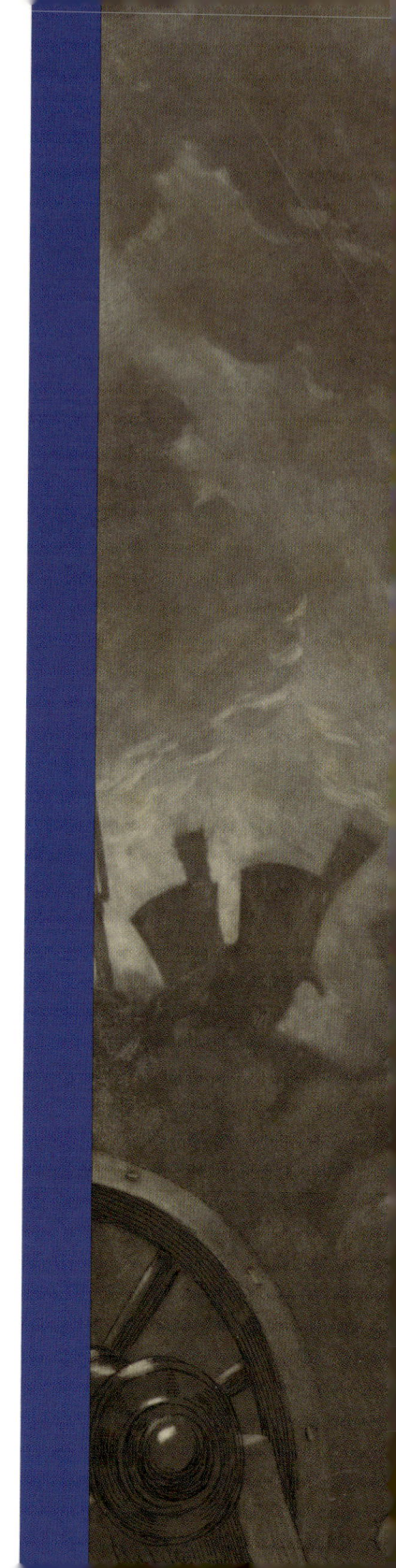

12

Zachary
Taylor

13

El presidente Taylor también
acogió para su hija un
poni de circo retirado. ¡Se
llamaba Apolo!

Mary
Taylor

15

El presidente Ulysses S. Grant
dejó a muy pocos montar
a Cincinnati, su caballo
favorito. Uno de ellos fue el
presidente Lincoln.

el caballo
Cincinnati

17

El presidente Theodore Roosevelt tuvo muchas mascotas en la Casa Blanca. Pasaba mucho tiempo con su caballo.

el caballo
Bleistein

19

La familia del presidente
Kennedy tuvo tres ponis.
Los ponis **pastaban** en el
jardín de la Casa Blanca.

el pony
Tex

John F. Kennedy
con Leprechaun

Caroline Kennedy
con Macaroni

21

Más mascotas presidenciales

Andrew Jackson
Sam Patch, el caballo blanco

Millard Fillmore
Mason, el poni

James Garfield
Kit, la yegua café

Chester A. Arthur
caballos castaños

Glosario

Guerra de la Independencia
conflicto bélico entre 1775-1781, en el que las colonias en América del Norte lograron la independencia del Reino de Gran Bretaña.

cabriola
salto que da un caballo dando coces en el aire.

pastar
alimentarse de pasto.

Índice

Abdo Kids ONLINE
FREE! ONLINE MULTIMEDIA RESOURCES

¡Visita nuestra página **abdokids.com** y usa este código para tener acceso a juegos, manualidades, videos y mucho más!

Los recursos de internet están en inglés.

Usa este código Abdo Kids

PHK9278

¡o escanea este código QR!